Il Nuovo Ricettario della Dieta Chetogenica

Ricettario per principianti per risparmiare denaro e tempo.

Ricette economiche, veloci, facili e salutari che miglioreranno la salute del vostro corpo e vi aiuteranno a perdere peso.

Susy Martini

GW00499814

Indice

—

4

—

Le informazioni contenute nelle pagine seguenti sono considerate, in linea di massima, un resoconto veritiero e accurato dei fatti e, in quanto tali, qualsiasi disattenzione, uso o abuso delle informazioni in questione da parte del lettore renderà qualsiasi azione risultante esclusivamente di loro competenza. Non esistono scenari in cui l'editore o l'autore originale di quest'opera possa essere in alcun modo ritenuto responsabile per eventuali disagi o danni che potrebbero verificarsi dopo aver intrapreso le informazioni qui descritte.

Inoltre, le informazioni contenute nelle pagine seguenti sono da intendersi solo a scopo informativo e vanno quindi considerate come universali. Come si addice alla loro natura, esse vengono presentate senza garanzie sulla loro validità prolungata o sulla loro qualità provvisoria. I marchi menzionati sono fatti senza il consenso scritto e non possono in alcun modo essere considerati un'approvazione da parte del titolare del marchio.

INTRODUZIONE

Come funziona la dieta chetogenica?

La dieta funziona commutando la fonte di energia primaria del corpo da carboidrati a grasso. Quando nel sangue sono presenti quantità adeguate di chetoni, l'ossidazione degli acidi grassi nel fegato aumenta drasticamente. L'uso dei corpi chetoni come energia ha molti vantaggi rispetto al glucosio (zucchero), compresa la perdita di peso.

Solo negli anni '20 i carboidrati sono stati accusati di problemi di peso o di salute. Nel 1920 e 1930, i medici hanno notato che i diabetici di tipo 1 che non potevano produrre insulina hanno avuto meno crisi epilettiche quando hanno ridotto i carboidrati. I medici hanno iniziato a prescrivere diete a basso contenuto di carboidrati ai pazienti con epilessia e convulsioni.

La dieta chetogenica è stata utilizzata per quasi un secolo nel tentativo di trattare l'epilessia. Nel 1920, Simons e Leninger hanno avuto l'idea di trattare l'epilessia inducendo uno stato di fame controllata (chetosi) all'interno del paziente. I medici pensavano che ci fosse una connessione tra l'avere un basso livello di zucchero nel sangue (ipoglicemia) e le crisi epilettiche. Non sapevano che erano i chetoni e non la glicemia bassa a far stare meglio i pazienti.

Come seguire una dieta chetogena?

La dieta chetogenica è estremamente restrittiva. Si tratta di mangiare molti grassi sani e pochissimi carboidrati. È molto importante conoscere l'apporto di macronutrienti quando si segue una dieta chetogenica. I macronutrienti sono micronutrienti di cui il vostro corpo ha bisogno in grandi quantità. Per esempio, hai bisogno di molte proteine e grassi. Avete anche bisogno di vitamine e minerali. I carboidrati, invece, devono essere consumati solo in piccole quantità. Il vostro corpo può convertire i grassi in una fonte di energia quando non c'è abbastanza glucosio. Quando il corpo converte il grasso in energia, crea chetoni che causano l'accumulo di chetoni nel flusso sanguigno. Lo stato di chetosi è stato scoperto negli anni '20 ed è stato un importante passo avanti.

È pericoloso?

La dieta chetogenica NON è pericolosa. E' stata sviluppata da medici ed è supportata da studi scientifici valutati da peer-reviewed. È un trattamento altamente efficace per diverse condizioni mediche e dovrebbe essere utilizzato da chiunque segua una dieta ad alto contenuto di carboidrati. Funziona passando dalla fonte di energia primaria del corpo dai carboidrati al grasso, e non richiede di limitare tutti i carboidrati della vostra dieta.

Perché viene utilizzata la dieta chetogenica?

La dieta chetogenica funziona riducendo drasticamente i carboidrati nella dieta. Quando questo accade, il fegato converte il grasso in corpi chetonici, che vengono utilizzati per l'energia da ogni cellula del corpo. Il corpo fa quindi uso di questi chetoni, spesso chiamati "chetoni" e "corpi chetonici", attraverso un processo chiamato "beta-ossidazione" per produrre energia (ATP) che non dipende dall'insulina.

La dieta chetogenica fa bene a tutti?

Sì, la dieta chetogenica è molto efficace e buona per la maggior parte delle persone, ma ci sono alcune cose da considerare.

Ci sono persone geneticamente predisposte a non poter utilizzare il grasso come fonte di energia. Possono soffrire di una condizione chiamata "grasso-fobia". Questi individui non dovrebbero seguire la dieta ketogenica o simili a basso contenuto di carboidrati.

Ci sono individui che non dovrebbero seguire una dieta chetogenica a causa di una condizione di salute sottostante. Consultate il vostro medico prima di intraprendere una nuova dieta.

Se siete preoccupati per l'intolleranza ai carboidrati e la dieta chetogenica, non fatelo. La stragrande maggioranza delle persone può seguire bene la dieta chetogenica per le prime settimane, imparando ad adattarsi alle nuove abitudini alimentari e alla quantità di energia necessaria per i grassi rispetto ai carboidrati. Tuttavia, se dopo le prime settimane si riscontrano ancora sintomi spiacevoli, è il momento di dare un'occhiata all'apporto di carboidrati. È probabile che si dovrebbe regolare l'apporto di carboidrati verso il basso.

Ci sono anche persone che hanno difficoltà ad aderire a diete altamente restrittive come la dieta chetogenica. Se non si ha molto autocontrollo, potrebbe non fare al caso proprio. C'è sempre la possibilità che vi stanchiate di morire di fame e vi arrendiate. Questa dieta richiede il massimo dell'autocontrollo e dell'aderenza. Dovete essere molto impegnati ad attenervi alla dieta durante le 3-12 settimane che il vostro corpo impiega per adattarsi.

COLAZIONE

Spaghetti di grano saraceno con cavolo cappuccio di pollo e ricette salate in salsa di massa

Tempo di preparazione: 15 minuti

Tempo di cottura: 15 minuti

Dosi: 2

INGREDIENTI:

Per gli spaghetti:

- 2-3 manciate di foglie di cavolo (tolte dal gambo e tagliate)
- Tagliatelle di grano saraceno 150g / 5oz (100% grano saraceno, senza frumento)
- 3-4 funghi shiitake, affettati
- 1 cucchiaino di olio di cocco o burro
- 1 cipolla marrone, tritata finemente
- 1 petto di pollo medio, a fette o tagliato a dadini
- 1 peperone rosso lungo, tagliato a fette sottili (semi dentro o fuori a seconda di quanto caldo ti piace)
- 2 grossi spicchi d'aglio, tagliati a dadini
- 2-3 cucchiai di salsa Tamari (salsa di soia senza glutine)

Per la medicazione di miso:

- 1 cucchiaio e mezzo di miso biologico fresco
- 1 cucchiaio di salsa tamari
- 1 cucchiaio di olio extra vergine di oliva
- 1 cucchiaio di succo di limone o di lime
- 1 cucchiaino di olio di sesamo (opzionale)

DIREZIONI:

1. Far bollire una pentola media di acqua. Aggiungere il cavolo nero e far cuocere 1 minuto, fino a quando non sarà appassito. Togliere e riservare, ma riservare l'acqua e tornare a bollire. Aggiungete i vostri tagliolini di soba e cuocete secondo le indicazioni sulla confezione (di solito circa 5 minuti). Sciacquare con acqua fredda e riservare.

2. Nel frattempo, friggere i funghi shiitake in un po' di burro o olio di cocco (circa un cucchiaino) per 2-3 minuti, fino a quando il loro colore non sarà leggermente rosolato da ogni lato. Cospargere con sale marino e riserva.

3. In quella stessa padella, scaldare più olio di cocco o strutto a fuoco medio-alto. Soffriggere la cipolla e il peperoncino per 2-3 minuti, quindi aggiungere i pezzi di pollo. Cuocere 5 minuti a fuoco medio, mescolando qualche volta, poi aggiungere l'aglio, la salsa tamari e un po' d'acqua. Cuocere per altri 2-3 minuti, mescolando continuamente fino a quando il pollo non sarà cotto.

4. Infine, aggiungere il cavolo e le tagliatelle di soba e mescolare il pollo per riscaldarlo.

5. Mescolate la salsa di miso e cospargete le tagliatelle a fine cottura, in questo modo manterrete vivi tutti i probiotici benefici del miso.

NUTRIZIONE: 305 calorie Grasso 11 Fibra 7 Carboidrati 9 Proteine 12

Il re asiatico ha saltato la marmellata

Tempo di preparazione: 15 minuti

Tempo di cottura: 10 minuti

Porzioni: 4

INGREDIENTI:

- 150 g di gamberi crudi sgusciati, non tritati
- Due cucchiaini di tamari (si può usare la salsa di soia se non si deve evitare il glutine)
- Due cucchiaini di olio extra vergine di oliva
- 75 g / 2,6 oz. soba (pasta di grano saraceno)
- 1 spicchio d'aglio tritato finemente
- 1 peperoncino a occhio di uccello, tritato finemente
- 1 cucchiaino di zenzero fresco tritato finemente.
- 20 g di cipolle rosse a fette
- 40 g di sedano, tagliato e affettato
- 75 g / 2,6 oz. di fagiolini tritati

- 50 g di cavolo tritato
- 100 ml / ½ tazza di brodo di pollo
- 5 g di sedano o foglie di sedano

DIREZIONI:

1. Scaldare una padella a fuoco vivo, quindi cuocere i gamberi in 1 cucchiaino di tamari e 1 cucchiaino d'olio per 2-3 minuti. Trasferire i gamberi in un piatto. Pulire la padella con carta da cucina in quanto verrà riutilizzata.

2. Cuocere le tagliatelle in acqua bollente per 5-8 minuti o come indicato sulla confezione. Scolare e mettere da parte.

3. Nel frattempo, friggere l'aglio, il peperoncino e lo zenzero, la cipolla rossa, il sedano, i fagioli e il cavolo nell'olio rimasto a fuoco medio-alto per 2-3 minuti. Aggiungete il brodo e lasciate bollire, quindi fate cuocere a fuoco lento per un minuto o due, fino a quando le verdure saranno cotte ma croccanti.

4. Aggiungere in padella gamberi, tagliatelle e foglie di sedano e gelatina, portare di nuovo ad ebollizione, quindi togliere dal fuoco e servire.

NUTRIZIONE: Calorie 223 Proteine 34 Grassi 34 Grassi 2 Carboidrati 6

Insalata di pasta di grano saraceno

Tempo di preparazione: 10 minuti

Tempo di cottura: 30 minuti

Porzioni: 4

INGREDIENTI:

- 50 g di pasta di grano saraceno
- Una grande manciata di razzi
- Una piccola manciata di foglie di basilico
- Otto pomodori ciliegini, dimezzati
- 1/2 avocado, tagliato a dadini
- Dieci olive
- 1 cucchiaio di olio extra vergine di oliva
- 20 g / 0,70 oz. di pinoli

DIREZIONI:

1. Combina tutti gli ingredienti: tranne i pinoli. Disponete la vostra combinazione su un piatto e poi spargete i pinoli.

NUTRIZIONE: 125 calorie Grasso 6 Fibra 5 Carboidrati 10 Proteine 11

Spiedini di insalata greca

Tempo di preparazione: 35 minuti

Tempo di cottura: 0 minuti

Dosi: 2

INGREDIENTI:

- Due spiedi di legno, immersi in acqua per 30 minuti prima dell'uso
- Otto grandi olive nere
- Otto pomodori ciliegini
- 1 peperone giallo, tagliato in otto quadrati.
- ½ cipolla rossa, si può tagliare a metà e separare in otto pezzi
- 100 g / 3,5 oz. (circa 10 cm) cetriolo, tagliato in quattro fette e dimezzato
- 100 g / 3,5 oz. di feta, tagliata in otto cubi
- Per la medicazione:

- 1 cucchiaio di olio extra vergine di oliva
- Succo di ½ limone
- 1 cucchiaino. del vostro aceto balsamico
- ½ spicchio d'aglio, assicurarsi che sia pelato e schiacciato
- Foglie di basilico tritate (o ½ cucchiaino da tè. erbe miste essiccate in sostituzione di basilico e origano)
- Foglie di origano,
- Sale e pepe nero macinato

DIREZIONI:

1. Frullare ogni spiedino con l'insalata Ingredienti: nell'ordine
2. Mettere tutti i condimenti Ingredienti: in una ciotola e mescolare accuratamente. Versare sopra gli spiedini.

NUTRIZIONE: Calorie 99 Proteine 34 Grassi 34 Grassi 4 Carboidrati 5

Cavolo, Edamame e Tofu Curry

Tempo di preparazione: 20 minuti

Tempo di cottura: 40 minuti

Porzioni: 3

INGREDIENTI:

- 1 cucchiaio di olio di colza
- 1 cipolla grande, tritata
- Quattro spicchi d'aglio pelati e grattugiati
- 1 pollice grande (7cm) zenzero fresco, pelato e grattugiato
- 1 peperoncino rosso, tagliato a fettine sottili
- 1/2 cucchiaino di curcuma macinata
- 1/4 cucchiaino di pepe di cayenna
- 1 cucchiaino di paprika
- 1/2 cucchiaino di cumino macinato
- 1 cucchiaino di sale
- 250 g / 9 oz. lenticchie rosse essiccate

- 1 litro di acqua bollente
- 50 g / 1,7 oz. di soia congelata
- 200 g / 7 oz. di tofu sodo, tagliato a cubetti
- Due pomodori, tagliati grossolanamente
- Succo di 1 calce
- 200 g / 7 oz. cavolo raspo di foglie di cavolo rimosse e strappate

DIREZIONI:

1. Mettere l'olio in una padella a fuoco lento. Aggiungere la cipolla e far cuocere per 5 minuti prima di aggiungere l'aglio, lo zenzero e il peperoncino e far cuocere per altri 2 minuti. Aggiungere la curcuma, la cayenna, la paprika, il cumino, il sale e mescolare prima di aggiungere le lenticchie rosse e mescolare di nuovo.

2. Versare l'acqua bollente e lasciarla bollire per 10 minuti, ridurre il calore e cuocere per circa 20-30 minuti fino a quando il curry ha una consistenza densa "-porridge".

3. Aggiungete i pomodori, il tofu e i fagioli di soia e fate cuocere per altri 5 minuti. Aggiungete le foglie di cavolo e il succo di lime e fate cuocere fino a quando il cavolo è appena tenero.

NUTRIZIONE: Calorie 133 Carboidrati 54 Proteine 43

Cupcake al cioccolato con glassa Matcha

Tempo di preparazione: 35 minuti

Tempo di cottura: 0 minuti

Porzioni: 4

INGREDIENTI:

- 150g / 5 oz. farina auto lievitante
- 200 g di zucchero semolato
- 60 g di cacao
- ½ cucchiaino. sale
- ½ cucchiaino. caffè espresso fine, decaffeinato se preferito
- 120 ml / ½ tazza di latte
- ½ cucchiaino. estratto di vaniglia
- 50 ml / ¼ di tazza di olio vegetale
- 1 uovo
- 120 ml / ½ tazza d'acqua
- Per la glassa:
- 50 g di burro,
- 50 g di zucchero a velo
- 1 cucchiaio di matcha di tè verde in polvere
- ½ cucchiaino di pasta di fagioli alla vaniglia
- 50 g / 1,7 oz. di formaggio cremoso a pasta molle

DIREZIONI:

1. Riscaldare il forno e foderare una teglia per cupcake con carta

2. Mettere la farina, lo zucchero, il cacao, il sale e il caffè in polvere in una ciotola capiente e mescolare bene.

3. Aggiungere il latte, l'estratto di vaniglia, l'olio vegetale e l'uovo ad asciugare Ingredienti: e usare un mixer elettrico per sbattere fino a quando non sono ben combinati. Versare delicatamente l'acqua bollente lentamente e sbattere a bassa velocità fino a quando non è completamente combinato. Utilizzare l'alta velocità per sbattere per un altro minuto per aggiungere aria all'impasto. L'impasto è molto più liquido di un normale impasto per dolci. Abbiate fede, avrà un sapore fantastico!

4. Disporre l'impasto in modo uniforme tra le scatole della torta. Ogni scatola di torta non deve essere più di ¾ piena. Cuocere in forno per 15-18 minuti, fino a quando l'impasto riprende quando viene colpito. Togliere dal forno e lasciare raffreddare completamente prima della glassa.

5. Per fare la glassa, sbattete il burro e lo zucchero a velo fino a quando diventano pallidi e lisci. Aggiungere la polvere di matcha e la vaniglia e mescolare di nuovo. Aggiungere la crema di formaggio e sbattere fino ad ottenere un composto liscio. Con il tubo o spalmare sulle torte.

NUTRIZIONE: Calorie 435 Grassi 5 Fibre 5 Fibre 3 Carboidrati 7 Proteine 9

Insalata di pollo al sesamo

Tempo di preparazione: 20 minuti

Tempo di cottura: 0 minuti

Porzioni: 4

INGREDIENTI:

- 1 cucchiaio di semi di sesamo
- 1 cetriolo, sbucciato, tagliato a metà nel senso della lunghezza, senza cucchiaino, e tagliato a fette.
- 100 g / 3,5 oz. di cavolo, tritato
- 60 g di bok choi, finemente tritato
- ½ cipolla rossa a fette sottili
- Prezzemolo grande (20 g), tritato.
- 150 g di pollo cotto, tritato
- Per la medicazione:
- 1 cucchiaio di olio extra vergine di oliva

- 1 cucchiaino di olio di sesamo
- 1 succo di lime
- 1 cucchiaino di miele leggero
- 2 cucchiaini di salsa di soia

DIREZIONI:

1. Tostate i vostri semi di sesamo in una padella asciutta per 2 minuti fino a quando non diventano leggermente dorati e profumati.
2. Trasferire su una piastra per raffreddare.
3. In una piccola ciotola, mescolare olio d'oliva, olio di sesamo, succo di lime, miele e salsa di soia per preparare il condimento.
4. Mettere il cetriolo, il cavolo nero, il bok choi, la cipolla rossa e il prezzemolo in una ciotola capiente e mescolare delicatamente.
5. Versare sopra la medicazione e mescolare di nuovo.
6. Distribuire l'insalata tra due piatti e completare con il pollo tritato. Cospargere con semi di sesamo poco prima di servire.

NUTRIZIONE: Calorie 345 Grassi 5 Fibre 5 Fibre 2 Carboidrati 10 Proteine 4

Antipasti al bacon

Tempo di preparazione: 15 minuti

Tempo di cottura: 2 ore

Porzioni: 6

INGREDIENTI:

- 1 confezione di cracker Keto
- ¾ di tazza di parmigiano, grattugiato
- 1 libbra di pancetta, tagliata sottile

DIREZIONI:

1. Preriscaldare il forno a 250 gradi F.
2. Disporre i cracker su una teglia da forno.
3. Cospargere il formaggio su ogni cracker.
4. Avvolgere ogni cracker con la pancetta.
5. Cuocere in forno per 2 ore.

NUTRIZIONE: Calorie 440 Grassi totali 33,4g Grassi saturi 11g Colesterolo 86mg Sodio 1813mg Carboidrati totali 3,7g Fibre alimentari 0,1g Zuccheri totali 0,1g Proteine 29,4g Potassio 432mg

Spiedini Antipasti

Tempo di preparazione: 10 minuti

Tempo di cottura: 0 minuti

Porzioni: 6

INGREDIENTI:

- 6 palline di mozzarella
- 1 cucchiaio di olio d'oliva
- Sale a piacere
- 1/8 di cucchiaino di origano essiccato
- 2 peperoni gialli arrostiti, tagliati a strisce e arrotolati
- 6 pomodori ciliegini
- 6 olive verdi, snocciolate
- 6 olive Kalamata snocciolate
- 2 cuori di carciofo, tagliati a spicchi
- 6 fette di salame, arrotolate
- 6 foglie di basilico fresco

DIREZIONI:

1. Buttate le palline di mozzarella nell'olio d'oliva.
2. Condite con sale e origano.
3. Infilate le palline di mozzarella e il resto degli ingredienti su spiedini.
4. Servire su un piatto d'argento.

NUTRIZIONE: Calorie 180 Grassi totali 11,8g Grassi saturi 4,5g Colesterolo 26mg Sodio 482mg Carboidrati totali 11,7g Fibre alimentari 4,8g Zuccheri totali 4,1g Proteine 9,2g Potassio 538mg

---

Jalapeno Poppers

Tempo di preparazione: 30 minuti

Tempo di cottura: 60 minuti

Porzioni: 10

INGREDIENTI:

- 5 jalapeños freschi, affettati e seminati
- Formaggio cremoso in confezione da 4 oz.
- ¼ di libbra di pancetta, tagliata a metà

DIREZIONI:

1. Preriscaldare il forno a 275 gradi F.
2. Mettete una griglia sulla vostra teglia da forno.
3. Riempire ogni jalapeno con formaggio cremoso e avvolgerlo nella pancetta.
4. Fissare con uno stuzzicadenti.
5. Posizionare sulla teglia da forno.
6. Cuocere in forno per 1 ora e 15 minuti.

NUTRIZIONE: Calorie 103 Grassi totali 8,7g Grassi saturi 4,1g Colesterolo 25mg Sodio 296mg Carboidrati totali 0,9g Fibre alimentari 0,2g Zuccheri totali 0,3g Proteine 5,2g Potassio 93mg

Polpette di spinaci

Tempo di preparazione: 20 minuti

Tempo di cottura: 30 minuti

Porzioni: 4

INGREDIENTI:

- 1 tazza di spinaci, tritati
- 1 ½ libbra di petto di tacchino macinato
- 1 cipolla, tritata
- 3 spicchi d'aglio tritato
- 1 uovo, sbattuto
- ¼ di tazza di latte
- ¾ di tazza di pane grattugiato
- ½ tazza di parmigiano, grattugiato
- Sale e pepe a piacere
- 2 cucchiai di burro

- 2 cucchiai di farina Keto
- 10 oz. di formaggio italiano a pezzetti
- ½ cucchiaino di noce moscata, appena grattugiata
- ¼ di tazza di prezzemolo, tritato

DIREZIONI:

1. Preriscaldare il forno a 400 gradi F.
2. Mescolare tutti gli ingredienti: in una ciotola capiente.
3. Formare polpette di carne dalla miscela.
4. Cuocere in forno per 20 minuti.

NUTRIZIONE: Calorie 374 Grassi totali 18.5g Grassi saturi 10g Colesterolo 118mg Sodio 396mg Carboidrati totali 11.3g Fibre alimentari 1g Zuccheri totali 1.7g Proteine 34.2g Potassio 336mg

Patatine fritte di cavolo

Tempo di preparazione: 5 minuti

Tempo di cottura: 12 minuti

Dosi: 2

INGREDIENTI:

- 1 mazzo di cavolo riccio, rimosso dagli steli
- 2 cucchiai di olio extra vergine di oliva
- 1 cucchiaio di sale all'aglio

DIREZIONI:

1. Preriscaldare il forno a 350 gradi F.
2. Spalmare il cavolo riccio con olio d'oliva.
3. Disporre su una teglia da forno.
4. Cuocere in forno per 12 minuti.
5. Cospargere di sale all'aglio.

NUTRIZIONE: Calorie 100 Grassi totali 7g 9% Grassi saturi 1g 5% Colesterolo 0mg 0% Sodio 30mg 1% Carboidrati totali 8,5g 3% Fibre alimentari 1,2g 4% Zuccheri totali 0,5g Proteine 2,4g Calcio 92mg 7% Ferro 1mg 6% Potassio 352mg

Pancetta, mozzarella e avocado

Tempo di preparazione: 15 minuti

Tempo di cottura: 15 minuti

Dosi: 2

INGREDIENTI:

- 3 fette di pancetta
- 1 tazza di mozzarella, tritata
- 6 uova, sbattute
- 2 cucchiai di burro
- ½ avocado
- 1 oz. di formaggio cheddar, tritato
- Sale e pepe a piacere

DIREZIONI:

1. Friggere il bacon in padella fino a quando non diventa croccante.
2. Trasferire su un piatto e mettere da parte.
3. Mettere la mozzarella in padella e cuocere fino a quando i bordi non si saranno rosolati.
4. Cuocere le uova nel burro.
5. Farcitura di mozzarella con uova strapazzate, pancetta e purè di avocado.
6. Cospargere di formaggio.
7. Condite con sale e pepe.

NUTRIZIONE: Calorie 645 Grassi totali 53,6g Grassi saturi 21,9g Colesterolo 575mg Sodio 1101mg

Totale carboidrati 6,5 g di fibre alimentari 3,4 g di zuccheri 1,4 g di proteine 35,8 g di potassio 600 mg di potassio

Keto Cheese Chips

Tempo di preparazione: 10 minuti

Tempo di cottura: 10 minuti

Porzioni: 3

INGREDIENTI:

- 1 ½ tazza di formaggio cheddar, tritato
- 3 cucchiai di farina di semi di lino macinati
- Sale all'aglio a piacere

DIREZIONI:

1. Preriscaldare il forno a 425 gradi F.
2. Creare una piccola pila di 2 cucchiai di formaggio cheddar su una teglia da forno.
3. Cospargere di semi di lino su ogni chip.
4. Condite con sale all'aglio.
5. Cuocere in forno per 10 minuti.
6. Lasciate raffreddare prima di servire.

NUTRIZIONE: Calorie 288 Grassi totali 22,2g Grassi saturi 11,9g Colesterolo 59mg Sodio 356mg Carboidrati totali 5,8g Fibre alimentari 4g Zuccheri totali 0,3g Proteine 17,1g Potassio 57mg

Manzo e broccoli

Tempo di preparazione: 10 minuti

Tempo di cottura: 15 minuti

Dosi: 2

INGREDIENTI:

- ¼ di tazza di cocco amino, diviso
- 1 cucchiaino d'aglio, tritato e diviso
- 1 cucchiaino di zenzero fresco, tritato e diviso
- 8 oz. di manzo, tagliato a fette sottili
- 1 ½ cucchiaio di olio di avocado, diviso
- 2 ½ tazze e mezzo di broccoletti, tagliati in cimette
- ¼ di tazza di brodo di manzo a basso contenuto di sodio
- ½ cucchiaino di olio di sesamo
- Sale a piacere
- Semi di sesamo
- Cipolla verde, tritata

DIREZIONI:

1. In una ciotola, mescolare l'amminoacido di cocco con metà dello zenzero e dell'aglio.
2. Far marinare la carne di manzo in questa miscela per 1 ora.
3. Coprire con carta stagnola e mettere in frigorifero.
4. Mettere 1 cucchiaio d'olio in una padella a fuoco medio.
5. Aggiungere i broccoli e cuocere per 3 minuti.
6. Aggiungere il restante zenzero e l'aglio.
7. Cuocere per 1 minuto.
8. Ridurre il calore.
9. Coprire la padella con il coperchio.
10. Cuocere fino a quando il broccolo è tenero ma ancora un po' croccante.
11. Trasferire i broccoli in un piatto.
12. Aumentare il calore e aggiungere l'olio rimanente.
13. Aggiungere la carne di manzo e cuocere per 3 minuti.
14. Rimetti a posto i broccoli.
15. In una ciotola, mescolare il rimanente amminoacido di cocco, il brodo e l'olio di sesamo.
16. Versare in padella.
17. Cuocere fino a quando la salsa non si è addensata.
18. Condite con il sale.
19. Guarnire con semi di sesamo e cipolla verde.

NUTRIZIONE: Calorie 298 Grassi totali 10g Grassi saturi 3,1g Colesterolo 101mg Sodio 1989mg Carboidrati totali 12,2g Fibre alimentari 4g Zuccheri totali 2,7g Proteine 40g Potassio 958mg

PRINCIPALI

Riso al cocco e cavolfiore

Tempo di preparazione: 8 minuti

Tempo di cottura: 12 minuti

Servire: 3

INGREDIENTI:

- 3 tazze di riso al cavolfiore
- ½ cucchiaio di cipolla in polvere
- 1 cucchiaino di pasta di peperoncino
- 2/3 tazza di latte di cocco
- Sale

DIREZIONE:

1. Aggiungere tutti gli ingredienti alla padella e scaldare a fuoco medio-basso. Mescolare per combinare.
2. Cuocere per 10 minuti. Mescolare dopo ogni 2 minuti.
3. Togliere il coperchio e cuocere fino a quando il liquido in eccesso non viene assorbito.
4. Servire e godere.

NUTRIZIONE (Importo per porzione): Calorie 155; Grassi 13,1 g; Carboidrati 9,2 g; Zucchero 4,8 g; Proteine 3,4 g; Colesterolo 1 mg

Fritto di Okra

Tempo di preparazione: 10 minuti

Tempo di cottura: 10 minuti

Al servizio: 4

INGREDIENTI:

- 1 libbra di gombo fresco, tagliato a fette da ¼".
- 1/3 tazza di farina di mandorle
- Pepe
- Sale
- Olio per friggere

DIREZIONE:

1. Riscaldare l'olio in una grande padella a calore medio-alto.
2. In una ciotola, mescolare insieme l'okra tagliata a fette, la farina di mandorle, il pepe e il sale fino ad ottenere una buona copertura.
3. Una volta che l'olio è caldo, aggiungere l'okra all'olio caldo e cuocere fino a quando non sarà leggermente rosolato.
4. Togliere l'okra fritta dalla padella e lasciarla sgocciolare su carta assorbente.
5. Servire e godere.

NUTRIZIONE (Importo per porzione): Calorie 91; Grassi 4,2 g; Carboidrati 10,2 g; Zucchero 10,2 g; Proteine 3,9 g; Colesterolo 0 mg

Purè di asparagi

Tempo di preparazione: 15 minuti

Tempo di cottura: 5 minuti

Servizio: 2

INGREDIENTI:

- 10 turioni di asparagi, tritati
- 1 cucchiaino di succo di limone
- 2 cucchiai di prezzemolo fresco
- 2 cucchiai di crema al cocco
- 1 cipolla piccola, tagliata a dadini
- 1 cucchiaio di olio di cocco
- Pepe
- Sale

DIREZIONE:

1. Soffriggere la cipolla in olio di cocco fino a quando la cipolla non si ammorbidisce.
2. Sbollentate gli asparagi tritati in acqua calda per 2 minuti e scolateli immediatamente.
3. Aggiungere nel frullatore la cipolla saltata, il succo di limone, il prezzemolo, la crema di cocco, gli asparagi, il pepe e il sale e frullare fino ad ottenere un composto omogeneo.
4. Servire caldo e godere.

NUTRIZIONE (Importo per porzione): Calorie 125; Grassi 10,6 g; Carboidrati 7,5 g; Zucchero 3,6 g; Proteine 2,6 g; Colesterolo 0 mg

Asparagi al forno

Tempo di preparazione: 5 minuti

Tempo di cottura: 20 minuti

Al servizio: 4

INGREDIENTI:

- 40 lance di asparagi
- 2 cucchiai di condimento vegetale
- 2 cucchiai di aglio in polvere
- 2 cucchiai di sale

DIREZIONE:

1. Preriscaldare il forno a 450 F/ 232 C.
2. Disporre tutte le lance degli asparagi sulla teglia e condire con condimento vegetale, aglio in polvere e sale.
3. Mettere in forno preriscaldato e cuocere per 20 minuti.
4. Servire caldo e godere.

NUTRIZIONE (Importo per porzione): Calorie 75; Grassi 0.9 g; Carboidrati 13.5 g; Zucchero 5.5 g; Proteine 6.7 g; Colesterolo 0 mg

Spinaci con latte di cocco

Tempo di preparazione: 10 minuti

Tempo di cottura: 15 minuti

Al servizio: 6

INGREDIENTI:

- 16 oz spinaci
- 2 cucchiai di curry in polvere
- 13,5 oz di latte di cocco
- 1 cucchiaino di scorza di limone
- ½ cucchiaino di sale

DIREZIONE:

1. Aggiungere gli spinaci in padella e scaldare a fuoco medio. Una volta che è caldo, aggiungere la pasta di curry e qualche cucchiaio di latte di cocco. Mescolare bene.

2. Aggiungere il latte di cocco rimasto, la scorza di limone e il sale e cuocere fino a quando non si sarà addensato.

3. Servire e godere.

NUTRIZIONE: (Importo per porzione): Calorie 167; Grassi 15,6 g; Carboidrati 6,7 g; Zucchero 2,5 g; Proteine 3,7 g; Colesterolo 0 mg

Deliziose bistecche di cavolo

Tempo di preparazione: 10 minuti

Tempo di cottura: 1 ora

Al servizio: 6

INGREDIENTI:

- 1 testa di cavolo media, fetta di 1" di spessore
- 2 cucchiai di olio d'oliva
- 1 cucchiaio di aglio tritato
- Pepe
- Sale

DIREZIONE:

1. In una piccola ciotola, mescolare insieme aglio e olio d'oliva.
2. Spazzolare l'aglio e l'olio d'oliva su entrambi i lati del cavolo a fette.
3. Condire le fette di cavolo con pepe e sale.
4. Mettere le fette di cavolo su una teglia da forno e cuocere a 350 F/ 180 C per 1 ora. Girare dopo 30 minuti.
5. Servire e godere.

NUTRIZIONE (Importo per porzione): Calorie 72; Grassi 4,8 g; Carboidrati 7,4 g; Zucchero 3,8 g; Proteine 1,6 g; Colesterolo 0 mg

Zucchine all'aglio e zucchine

Tempo di preparazione: 15 minuti

Tempo di cottura: 5 minuti

Porzioni: 4

INGREDIENTI:

- 1 piccola zucca, a fette
- 2 cucchiai di basilico fresco, tritato
- 2 cucchiai di olio d'oliva
- 1 spicchio d'aglio tritato
- 1 cipolla grande, affettata
- 2 pomodori freschi, tagliati a spicchi
- 1 zucchina piccola, a fette
- Pepe
- Sale

DIREZIONE:

1. Riscaldare l'olio d'oliva in una padella a fuoco medio-alto.
2. Aggiungere la cipolla, la zucca, le zucchine, l'aglio e l'aglio e far soffriggere fino a far rosolare leggermente.
3. Aggiungere il basilico e i pomodori e far cuocere per 5 minuti. Condire con pepe e sale.
4. Far bollire a fuoco lento fino a quando la zucca è tenera.
5. Mescolare bene e servire.

NUTRIZIONE (Importo per porzione): Calorie 97; Grassi 7,2 g; Carboidrati 8,2 g; Zucchero 4,4 g; Proteine 1,4 g; Colesterolo 0 mg

Insalata di pomodoro avocado e cetriolo

Tempo di preparazione: 5 minuti

Tempo di cottura: 5 minuti

Al servizio: 4

INGREDIENTI:

- 1 cetriolo, a fette
- 2 avocado, tritato
- ½ cipolla, affettata
- 2 pomodori a pezzetti
- 1 peperone, tritato
- Per vestirsi:
- 2 cucchiai di coriandolo
- ¼ di cucchiaino di aglio in polvere

- 2 cucchiai di olio d'oliva
- 1 cucchiaio di succo di limone
- ½ cucchiaino di pepe nero
- ½ cucchiaino di sale

DIREZIONE:

1. In una piccola ciotola, mescolare insieme tutti gli ingredienti del condimento e mettere da parte.
2. Aggiungere tutti gli ingredienti dell'insalata nella grande ciotola e mescolare bene.
3. Versare il condimento sull'insalata e mescolare bene.
4. Servire immediatamente e godere.

NUTRIZIONE (Importo per porzione): Calorie 130; Grassi 9,8 g; Carboidrati 10,6 g; Zucchero 5,1 g; Proteine 2,1 g; Colesterolo 0 mg

Insalata di cavolo e cocco

Tempo di preparazione: 5 minuti

Tempo di cottura: 10 minuti

Al servizio: 4

INGREDIENTI:

- 1/3 tazza di cocco essiccato non zuccherato
- ½ cavolo a testa media, triturato
- 2 cucchiai di semi di sesamo
- ¼ di tazza di salsa tamari
- ¼ di tazza di olio d'oliva
- 1 succo di limone fresco
- ½ cucchiaino di cumino
- ½ cucchiaino di curry in polvere
- ½ cucchiaino di polvere di zenzero

DIREZIONE:

1. Aggiungere tutti gli ingredienti nella grande ciotola e mescolare bene.
2. Mettere l'insalatiera in frigorifero per 1 ora.
3. Servire e godere.

NUTRIZIONE (Importo per porzione): Calorie 197; Grassi 16,6 g; Carboidrati 11,4 g; Zucchero 7,1 g; Proteine 3,5 g; Colesterolo 0 mg

Insalata di cetrioli asiatici

Tempo di preparazione:

Tempo di cottura:

Tempo totale: 10 minuti

Al servizio: 6

INGREDIENTI:

- 4 tazze di cetrioli, affettati
- ¼ di cucchiaino di fiocchi di pepe rosso
- ½ cucchiaino di olio di sesamo
- 1 cucchiaino di semi di sesamo
- ¼ di tazza di aceto di vino di riso
- ¼ di tazza di pepe rosso, tagliato a dadini
- ¼ di tazza di cipolla, a fette
- ½ cucchiaino di sale marino

DIREZIONE:

1. Aggiungere tutti gli ingredienti nella ciotola e mescolare bene.
2. Servire immediatamente e godere.

NUTRIZIONE (Importo per porzione): Calorie 27; Grassi 0.7 g; Carboidrati 3.5 g; Zucchero 1.6 g; Proteine 0.7 g; Colesterolo 0 mg

Riso al cavolfiore messicano

Tempo di preparazione: 15 minuti

Tempo di cottura: 10 minuti

Al servizio: 4

INGREDIENTI:

- 1 testa di cavolfiore media, tagliata in cimette
- ½ tazza di salsa di pomodoro
- ¼ di cucchiaino di pepe nero
- 1 cucchiaino di polvere di peperoncino
- 2 spicchi d'aglio, tritati
- ½ cipolla media, tagliata a dadini
- 1 cucchiaio di olio di cocco
- ½ cucchiaino di sale marino

DIREZIONE:

1. Aggiungete i fiori di cavolfiore nel robot da cucina e lavorate fino a quando non assomiglia al riso.
2. Riscaldare l'olio in una padella a fuoco medio-alto.
3. Aggiungere la cipolla al tegame e far soffriggere per 5 minuti o fino a quando non si ammorbidisce.
4. Aggiungere l'aglio e cuocere per 1 minuto.
5. Aggiungere il riso al cavolfiore, il peperoncino in polvere, il pepe e il sale. Mescolare bene.
6. Aggiungere la salsa di pomodoro e cuocere per 5 minuti.
7. Mescolare bene e servire caldo.

NUTRIZIONE (Importo per porzione): Calorie 83; Grassi 3.7g; Carboidrati 11.5 g; Zucchero 5.4 g; Proteine 3.6 g; Colesterolo 0 mg;

Insalata di rape

Tempo di preparazione: 5 minuti

Tempo di cottura: 5 minuti

Al servizio: 4

INGREDIENTI:

- 4 rape bianche, a spirale
- 1 succo di limone
- 4 rametti di aneto, tritati
- 2 cucchiai di olio d'oliva
- 1 cucchiaino e 1/2 di sale

DIREZIONE:

1. Stagione rapa a spirale con sale e massaggio delicato con le mani.
2. Aggiungere succo di limone e aneto. Condire con pepe e sale.
3. Spruzzare con olio d'oliva e combinare tutto bene.
4. Servire immediatamente e godere.

NUTRIZIONE (quantità per porzione): calorie 49; grassi 1,1 g; carboidrati 9 g; zuccheri 5,2 g; proteine 1,4 g; colesterolo 0 mg

Insalata di cavoletti di Bruxelles

Tempo di preparazione: 10 minuti

Tempo di cottura: 10 minuti

Al servizio: 6

INGREDIENTE:

- 1 ½ libbra di cavoletti di Bruxelles, tagliati
- ¼ di tazza di nocciole tostate, tritate
- 2 cucchiai di senape di dijon
- 1 cucchiaio e mezzo di succo di limone
- 2 cucchiai di olio d'oliva
- Pepe
- Sale

DIREZIONE:

1. In una piccola ciotola, frullate insieme olio, senape, succo di limone, pepe e sale.
2. In una grande ciotola, combinate insieme germogli di bruxelles e nocciole.
3. Versare il condimento sull'insalata e mescolare bene.
4. Servire immediatamente e godere.

NUTRIZIONE (quantità per porzione): calorie 111; grassi 7,1 g; carboidrati 11 g; zuccheri 2,7 g; proteine 4,4 g; colesterolo 0 mg

Insalata di melanzane e spinaci

Tempo di preparazione: 20 minuti

Tempo di cottura: 10 minuti

Al servizio: 4

INGREDIENTE:

- 1 melanzana grande, tagliata a fette da 3/4 di pollice
- 5 oz di spinaci
- 1 cucchiaio di pomodori essiccati al sole, tritati
- 1 cucchiaio di origano tritato
- 1 cucchiaio di prezzemolo tritato
- 1 cucchiaio di menta fresca, tritata
- 1 tbsp di scalogno, tritato
- Per vestirsi:

- 1/4 di tazza di olio d'oliva
- 1/2 succo di limone
- 1/2 cucchiaino di paprika affumicata
- 1 cucchiaino di senape di dijon
- 1 cucchiaino tahini
- 2 spicchi d'aglio, tritati
- Pepe
- Sale

DIREZIONE:

1. Mettere le melanzane a fette nella ciotola grande e cospargerle di sale e metterle da parte per minuti.
2. In una piccola ciotola mescolare insieme tutti gli ingredienti del condimento. Mettere da parte.
3. Riscaldare la griglia a calore medio-alto.
4. In una ciotola grande, aggiungere lo scalogno, i pomodori secchi, le erbe aromatiche e gli spinaci.
5. Sciacquare le fette di melanzana e asciugarle con un tovagliolo di carta.
6. Spennellare le fette di melanzane con olio d'oliva e grigliare a fuoco medio alto per 3-4 minuti su ogni lato.
7. Lasciate raffreddare le fette di melanzane grigliate e poi tagliate in quarti.
8. Aggiungere le melanzane all'insalatiera e versare il condimento sull'insalata. Lanciare bene.
9. Servire e godere.

NUTRIZIONE (quantità per porzione): calorie 163; grassi 13 g; carboidrati 10 g; zuccheri 3 g; proteine 2 g; colesterolo 0 mg

CONTORNI

Insalata BLT

Tempo di preparazione: 15 minuti

Tempo di cottura: 0 minuti

Porzioni: 4

INGREDIENTI:

- 2 cucchiai di grasso di pancetta fuso
- 2 cucchiai di aceto di vino rosso
- Pepe nero appena macinato
- 4 tazze di lattuga triturata
- 1 pomodoro, tritato
- 6 fette di pancetta, cotte e tritate
- 2 uova sode, tritate
- 1 cucchiaio di semi di girasole arrostiti non salati
- 1 cucchiaino di semi di sesamo tostati
- 1 petto di pollo cotto, affettato (opzionale)

DIREZIONI:

1. In una ciotola di media grandezza, frullate insieme il grasso di pancetta e l'aceto fino ad emulsionarlo. Condite con pepe nero.

2. Aggiungere il pomodoro e la lattuga nella ciotola e mescolare le verdure con il condimento.

3. Dividete l'insalata in 4 piatti e copritela con la stessa quantità di pancetta, uova, semi di girasole, semi di sesamo e pollo (se usato). Servire.

NUTRIZIONE: Calorie: 287 Grassi: 9,4 g Fibre: 11 g Carboidrati: 3,8 g Proteine: 9,9 g

Formaggio Halloumi alla griglia con uova

Tempo di preparazione: 15 minuti

Tempo di cottura: 10 minuti

Porzioni: 4

INGREDIENTI:

- 4 fette di formaggio halloumi
- 3 cucchiai di olio d'oliva
- 1 cucchiaino di miscela di condimento greco essiccato
- 1 cucchiaio di olio d'oliva
- 6 uova, sbattute
- 1/2 cucchiaino di sale marino
- 1/4 cucchiaino di fiocchi di peperone rosso schiacciati
- 1 tazza e 1/2 di avocado, snocciolato e affettato

- 1 tazza di pomodori all'uva, dimezzati
- 4 cucchiai di noci pecan, tritate

DIREZIONI:

1. Preriscaldare la griglia a medio.
2. Mettete l'Halloumi al centro di un pezzo di pellicola resistente.
3. Cospargere l'olio sull'Halloumi e applicare la miscela di condimento greco.
4. Chiudere il foglio per creare un pacchetto.
5. Grigliare per circa 15 minuti, poi affettare in quattro pezzi.
6. In una padella, scaldare un cucchiaio d'olio e cuocere le uova.
7. Mescolare bene per creare cagliate grandi e morbide, condire con sale e pepe.
8. Mettere le uova e il formaggio grigliato su una ciotola da portata.
9. Servire accanto a pomodori e avocado, decorati con pecan tritate.

NUTRIZIONE: Calorie: 219 Grassi: 5,1g Fibre: 4,9g Carboidrati: 1,5 g Proteine: 3,9g

Insalata di cavolo riccio cremoso

Tempo di preparazione: 15 minuti

Tempo di cottura: 0 minuti

Porzioni: 3

INGREDIENTI:

- 1 mazzo di spinaci
- 1 cucchiaio e 1/2 di succo di limone
- 1 tazza di panna acida
- 1 tazza di macadamia arrosto
- 2 cucchiai di olio di semi di sesamo
- 1 spicchio d'aglio e 1/2, tritato
- 1/2 cucchiaino di pepe nero
- 1/4 di cucchiaino di sale
- 2 cucchiai di succo di lime
- 1 mazzo di cavolo riccio
- Guarnizioni:
- 1 1/2 Avocado, tagliato a dadini
- 1/4 di tazza di Pecan, tritato

DIREZIONI:

1. Prima di tutto, confermate di avere tutti gli ingredienti. Tritate il cavolo e lavate il cavolo e poi togliete le costole.
2. Ora trasferite i cavoli in una grande ciotola.
3. Resta ancora una cosa da fare. Aggiungere panna acida, succo di lime, macadamia, olio di semi di sesamo, pepe, sale, aglio.
4. Infine, mescolare accuratamente. Top con il vostro avocado e noci pecan. Servire e godere.

NUTRIZIONE: Calorie: 291 Grassi: 5,1g Fibre: 12,9g Carboidrati: 4,3 g Proteine: 11,8g

Insalata di quinoa con menta fresca e prezzemolo

Tempo di preparazione: 10 minuti

Tempo di cottura: 15 minuti

Porzioni: 4

INGREDIENTI:

- 2 tazze di quinoa
- 1/2 tazza di noce di mandorla
- 3 cucchiai di prezzemolo fresco (tritato)
- 1/2 tazza di cipolle verdi tritate
- 3 cucchiai di menta fresca tritata
- 3 cucchiai di olio d'oliva

- 2 cucchiai di succo di limone
- 1 cucchiaino di sale all'aglio
- 1/2 cucchiaino di sale e pepe

DIREZIONI:

1. Mettere una pentola a fuoco vivo.
2. Aggiungete la quinoa e l'acqua e lasciate bollire per circa 15 minuti, poi riducete il calore e scaricate.
3. Versare la quinoa sgocciolata in una ciotola capiente, aggiungere il prezzemolo, le mandorle e la menta.
4. In una ciotola o contenitore, aggiungere insieme l'olio d'oliva, il sale all'aglio e il succo di limone.
5. Sbattere bene il composto fino a quando non è ben combinato e versare sopra la quinoa.
6. Combinare bene la miscela fino a quando tutto è ben disperso.
7. Aggiungere il sale e il pepe nero a piacere.
8. Mettere la ciotola della quinoa in frigorifero.

NUTRIZIONE: Calorie: 241 Grassi: 8,4g Fibre: 11,4g Carboidrati: 2,1 g Proteine: 9,3g

Involtini di salmone affumicato e formaggio cremoso

Tempo di preparazione: 25 minuti

Tempo di cottura: 0 minuti

Dosi: 2

INGREDIENTI:

- 4 once di formaggio cremoso, a temperatura ambiente
- 1 cucchiaino di scorza di limone grattugiata
- 1 cucchiaino di senape di Digione
- 2 cucchiai di scalogno tritato
- Sale rosa dell'Himalaya
- Pepe nero appena macinato
- 1 confezione di salmone affumicato a freddo

DIREZIONI:

1. Mettere la crema di formaggio, la scorza di limone, la senape, gli scalogni in un robot da cucina (o frullatore) e condire con sale e pepe rosa dell'Himalaya.
2. Lavorare fino a quando non è completamente mescolato e liscio.
3. Spalmare la crema di formaggio su ogni pz. di salmone affumicato e arrotolarlo.
4. Posizionare i rotoli su un piatto cucito a testa in giù.
5. Servire immediatamente o refrigerare.

NUTRIZIONE: Calorie: 334 Grassi: 12,6g Fibre: 3,1g Carboidrati: 2,2 g Proteine: 15,1g

Germogli di Bruxelles con pancetta

Tempo di preparazione: 5 minuti

Tempo di cottura: 40 minuti

Porzioni: 6

INGREDIENTI:

- 16 once Germogli di Bruxelles
- 1 cucchiaino di sale
- 16 once di pancetta, pastorizzata
- 2/3 cucchiaino di pepe nero macinato

DIREZIONI:

1. Preriscaldare il forno a 400°F.
2. Tagliate ogni germoglio a metà e poi tagliate la pancetta per il lungo in piccoli pezzi.
3. Prendete una teglia da forno, foderatela con carta pergamena, spalmate i germogli di Bruxelles a metà e la pancetta, quindi conditela con sale e pepe nero.
4. Cuocere in forno per 35-40 minuti fino a quando i germogli diventano dorati e la pancetta è croccante.
5. Servire subito.

NUTRIZIONE: Calorie: 101 Grassi: 5.1g Fibre: 10g Carboidrati: 1 g Proteine: 5.5g

Verdure mediterranee alla griglia

Tempo di preparazione: 10 minuti

Tempo di cottura: 15 minuti

Porzioni: 4

INGREDIENTI:

- 1/4 di tazza (56 g/2 oz) di ghee o burro
- 2 peperoni piccoli (200 g/7,1 oz) rossi, arancioni o gialli
- 3 medie (600 g/21,2 oz) zucchine
- 1 melanzana media (500 g/17,6 oz)
- 1 mezzo (100 g/3,5 oz) cipolla rossa

DIREZIONI:

1. Impostare il forno sulla posizione più alta.
2. In una ciotola piccola, mescolare il ghee fuso e l'aglio schiacciato.
3. Lavare tutte le verdure.
4. Tagliate i peperoni a metà, tagliateli a strisce e tagliateli a fette.

5. Tagliare le zucchine in pezzi da 1/4 di pollice (circa 1/2 cm).

6. Lavare le melanzane e affettarle.

7. Tagliare ogni fetta in pezzi da 1/4 di pollice (circa 1/2 cm).

8. Sbucciate e tagliate la cipolla in spicchi medi e separate le sezioni con le mani.

9. Mettere le verdure in una ciotola e aggiungere il trito di erbe aromatiche, il ghee con l'aglio, il sale e il pepe nero. Le verdure devono essere spalmate su una teglia da forno, idealmente su una griglia o una rete da forno, in modo che le verdure non si inzuppino di succo.

10. Mettetelo in forno e lasciatelo cuocere per circa 15 minuti.

11. Attenzione a non bruciarli.

12. Una volta fatte, le verdure devono essere leggermente tenere ma ancora croccanti.

13. Servire con piatti di carne o cuocere al forno con formaggi come feta, mozzarella o Halloumi.

NUTRIZIONE: Calorie: 176 Grassi: 4,5g Fibre: 9,3g Carboidrati: 3,1g Proteine: 5,2 g

Pancetta e funghi selvatici

Tempo di preparazione: 10 minuti

Tempo di cottura: 10-15 minuti

Porzioni: 4

INGREDIENTI:

- 6 strisce di pancetta non stagionata, tritata
- 4 tazze di funghi selvatici a fette
- 2 cucchiaini di aglio tritato
- 2 cucchiai di brodo di pollo
- 1 cucchiaio di timo fresco tritato

DIREZIONI:

1. Cuocere il bacon. In una pentola, cuocere la pancetta fino a quando non sarà croccante e cotta a fondo, circa 7 minuti.
2. Cuocere i funghi. Aggiungete i funghi e l'aglio e fate soffriggere fino a quando i funghi sono teneri per circa 7 minuti.
3. Deglassa la padella. Aggiungere il brodo di pollo e mescolare per raschiare eventuali pezzi rosolati sul fondo della padella.
4. Guarnire e servire. Mettere i funghi in una ciotola, cospargerli con il timo e servire.

NUTRIZIONE: Calorie: 175 Grassi: 4,9g Fibre: 8,4g Carboidrati: 2,2 g Proteine: 1,4g

Morso di Jalapeno speziato con pomodoro

Tempo di preparazione: 10 minuti

Tempo di cottura: 0 minuti

Porzioni: 4

INGREDIENTI:

- 1 tazza di prosciutto di tacchino, tritato
- 1/4 di pepe jalapeño, tritato
- 1/4 tazza di maionese
- 1/3 cucchiaio di senape di Digione
- 4 pomodori a fette
- Sale e pepe nero, a piacere
- 1 cucchiaio di prezzemolo tritato

DIREZIONI:

1. In una ciotola mescolate il prosciutto di tacchino, il peperone jalapeño, la maionese, la senape, il sale e il pepe.
2. Stendere le fette di pomodoro su quattro piatti da portata, poi ricoprire ogni piatto con un cucchiaio di misto di prosciutto di tacchino.
3. Servire guarnito con prezzemolo tritato.

NUTRIZIONE: Calorie: 250 Grassi: 14,1g Fibre: 3,7g Carboidrati: 4,1 g Proteine: 18,9 g

Crema di spinaci

Tempo di preparazione: 10 minuti

Tempo di cottura: 15 minuti

Porzioni: 4

INGREDIENTI:

- 2 cucchiai di burro non salato
- 1 piccola cipolla gialla, tritata
- 1 tazza di formaggio cremoso, ammorbidito
- 2 confezioni da 10 once di spinaci congelati, scongelati e spremuti secchi
- 2-3 cucchiai d'acqua
- Sale e pepe nero macinato, secondo necessità
- 1 cucchiaino di succo di limone fresco

DIREZIONI:

1. Sciogliere un po' di burro e far soffriggere la cipolla per circa 6-8 minuti.
2. Aggiungere la crema di formaggio e far cuocere per circa 2 minuti o fino a quando non si sarà sciolto completamente.
3. Mescolare l'acqua e gli spinaci e cuocere per circa 4-5 minuti.
4. Mescolare il sale, il pepe nero e il succo di limone e togliere dal fuoco.
5. Servire immediatamente.

NUTRIZIONE: Calorie: 214 Grassi: 9,5g Fibre: 2,3g Carboidrati: 2,1 g Proteine: 4,2g

Tempura Zucchine con salsa di crema di formaggio

Tempo di preparazione: 15 minuti

Tempo di cottura: 15 minuti

Porzioni: 4

INGREDIENTI:

- Tempura zucchine:
- 1 tazza e 1/2 (200 g) di farina di mandorle
- 2 cucchiai di panna pesante
- 1 cucchiaino di sale
- 2 cucchiai di olio d'oliva + extra per friggere
- 1 tazza da 1/4 di acqua (300 ml)
- 1/2 cucchiaio di sciroppo d'acero senza zucchero
- 2 zucchine grandi, tagliate a strisce spesse 1 pollice
- Crema di formaggio intingolo:

- 8 oz di formaggio cremoso, temperatura ambiente
- 1/2 tazza (113 g) di panna acida
- 1 cucchiaino di condimento per taco
- 1 scalogno, tritato
- 1 peperoncino verde, tritato e tritato

DIREZIONI:

1. Tempura zucchine:
2. In una ciotola, mescolare la farina di mandorle, la panna pesante, il sale, l'olio di arachidi, l'acqua e lo sciroppo d'acero.
3. Spennellare le strisce di zucchine nell'impasto fino a quando non sono ben rivestite.
4. Riscaldare circa quattro cucchiai di olio d'oliva in una padella antiaderente.
5. Lavorando in lotti, usare le pinze per rimuovere le zucchine (sgocciolando il liquido extra) nell'olio.
6. Friggere per 1 o 2 minuti per lato e togliere le zucchine su un piatto foderato di carta assorbente per drenare il grasso.
7. Godetevi le zucchine.
8. Crema di formaggio intingolo:
9. In una ciotola o in un contenitore, la crema di formaggio, il condimento per taco, la panna acida, lo scalogno e il peperoncino verde devono essere mescolati,
10. Servire le zucchine tempura con la salsa al formaggio cremoso.

NUTRIZIONE: Calorie: 316 Grassi: 8,4g Fibre: 9,3g Carboidrati: 4,1 g Proteine: 5,1g

---

Spiedini di pancetta e feta

Tempo di preparazione: 15 minuti

Tempo di cottura: 10 minuti

Porzioni: 4

INGREDIENTI:

- 2 libbre di formaggio feta, tagliato in 8 cubetti
- 8 fette di pancetta
- 4 spiedini di bambù, inzuppati
- 1 zucchina, tagliata in 8 cubetti a pezzettini
- Sale e pepe nero a piacere
- 3 cucchiai di olio di mandorle per la spazzolatura

DIREZIONI:

1. Avvolgere ogni cubo di feta con una fetta di pancetta.
2. Infilare una feta avvolta su uno spiedo; aggiungere un cubo di zucchine, poi un'altra feta avvolta e un'altra zucchina.
3. Ripetere il processo di filettatura con i restanti spiedi.
4. Preriscaldare una padella per la griglia a fuoco medio, spennellare generosamente con l'olio di avocado e grigliare lo spiedo da entrambi i lati per 3 o 4 minuti per lato o fino a quando il set è dorato e la pancetta cotta.
5. Servire poi con la salsa di pomodoro.

NUTRIZIONE: Calorie: 290 Grassi: 15,1g Fibre: 4,2g Carboidrati: 4,1 g Proteine: 11,8g

Avocado e prosciutto crudo Uova alla diavola

Tempo di preparazione: 20 minuti
Tempo di cottura: 10 minuti
Porzioni: 4

INGREDIENTI:

- 4 uova
- Bagno di ghiaccio
- 4 fette di prosciutto, tritate
- 1 avocado, snocciolato e pelato
- 1 cucchiaio di senape
- 1 cucchiaino di aceto semplice
- 1 cucchiaio di panna pesante
- 1 cucchiaio di coriandolo fresco tritato
- Sale e pepe nero a piacere
- 1/2 tazza (113 g) maionese
- 1 cucchiaio di crema al cocco
- 1/4 cucchiaino di pepe di cayenna
- 1 cucchiaio di olio di avocado
- 1 cucchiaio di prezzemolo fresco tritato

DIREZIONI:

1. Far bollire le uova per 8 minuti.
2. Togliere le uova nel bagno di ghiaccio, sedersi per 3 minuti e poi sbucciare le uova.
3. Tagliate le uova a metà nel senso della lunghezza e svuotate i tuorli in una ciotola.

4. Disporre gli albumi su un piatto con il lato del foro rivolto verso l'alto.

5. Mentre le uova sono cotte, scaldare una padella antiaderente a fuoco medio e cuocere il prosciutto per 5-8 minuti.

6. Togliere il prosciutto su un piatto foderato di carta assorbente per drenare il grasso.

7. Mettere le fette di avocado sui tuorli d'uovo e schiacciare entrambi gli ingredienti con una forchetta fino ad ottenere un composto omogeneo.

8. Mescolare la senape, l'aceto, la panna pesante, il coriandolo, il sale e il pepe nero fino ad ottenere un composto omogeneo.

9. Mettete il composto in un sacchetto per tubature e premete il composto nei fori per le uova fino a quando non sarà ben riempito.

10. In una ciotola, frullate la maionese, la crema di cocco, il pepe di Caienna e l'olio di avocado.

11. Nei piatti da portata, cucchiaiate un po' di salsa di maionese e spalmatela leggermente con un movimento circolare. Sopra le uova alla diavola, spalmate il prosciutto e guarnite con il prezzemolo.

12. Godetevelo subito.

NUTRIZIONE: Calorie: 265 Grassi: 11,7g Fibre: 4,1g Carboidrati: 3,1 g Proteine: 7,9 g

Insalata di tonno Chili-Lime

Tempo di preparazione: 10 minuti

Tempo di cottura: 0 minuti

Dosi: 2

INGREDIENTI:

- 1 cucchiaio di succo di lime
- 1/3 tazza di maionese
- 1/4 di cucchiaino di sale
- 1 cucchiaino di condimento al peperoncino Tajin
- 1/8 di cucchiaino di pepe
- 1 gambo medio di sedano (tritato finemente)
- 2 tazze di lattuga romana (tagliata grossolanamente)
- 2 cucchiai di cipolla rossa (finemente tritata)
- opzionale: cipolla verde tritata, pepe nero, succo di limone
- 5 oz di tonno in scatola

DIREZIONI:

1. Utilizzando una ciotola di medie dimensioni, mescolare alcuni degli ingredienti come il lime, il pepe e la calce viva
2. Poi, aggiungere tonno e verdure alla pentola e mescolare. Si può servire con cetriolo, sedano o un letto di verdure

NUTRIZIONE: Calorie: 259 Grassi: 11,3g Fibre: 7,4g Carboidrati: 2,9 g Proteine: 12,9g

Impacchi di lattuga del club del pollo

Tempo di preparazione: 15 minuti

Tempo di cottura: 15 minuti

Porzioni: 1

INGREDIENTI:

- 1 cespo di lattuga iceberg con il torsolo e le foglie esterne rimosse
- 1 cucchiaio di maionese
- 6 fette di petto di pollo o di tacchino biologico
- Pancetta (2 strisce cotte, dimezzate)
- Pomodoro (solo 2 fette)

DIREZIONI:

1. Rivestite la vostra superficie di lavoro con una grande fetta di carta pergamena.
2. Stratificare 6-8 grandi foglie di lattuga al centro della carta per ottenere una base di circa 9-10 pollici.
3. Stendere la maionese al centro e stenderla con pollo o tacchino, pancetta e pomodoro.
4. A partire dall'estremità più vicina a voi, arrotolate l'involucro come un rotolo di gelatina con la carta pergamena come guida. Tenetelo stretto e a metà, arrotolate le estremità dell'involucro come se fosse un rotolo di gelatina.
5. Quando è completamente avvolta, arrotolate il resto della carta pergamena intorno ad essa e tagliatela a metà con un coltello.

NUTRIZIONE: Calorie: 179 Grassi: 4,1g Fibre: 9,7g Carboidrati: 1,3 g Proteine: 8,5g

PESCE

Tradizionale Gambas al Ajillo

Tempo di preparazione: 13 minuti

Tempo di cottura: 2 minuti

Porzioni: 5

INGREDIENTI

- 2 cucchiai di burro
- 2 spicchi d'aglio, tritati
- 2 piccoli baccelli di pepe di Caienna
- 2 libbre di gamberetti, pelati e sbucciati
- 1/4 di tazza Manzanilla

DIREZIONI

1. In una padella, sciogliere il burro a fuoco medio-alto. Quindi, fate soffriggere l'aglio con i peperoni di cayenna per circa 30 secondi o fino a quando non sarà profumato.

2. Mescolare i gamberi e continuare la cottura per altri 1 o 2 minuti. Versare la Manzanilla; condire con sale e pepe nero.

3. Continuare a cucinare fino a quando tutto è cotto a fondo. Guarnire con fette di limone, se lo si desidera. Buon appetito!

NUTRIZIONE: Per porzione: 203 Calorie; 5,5g di grassi; 1,8g di carboidrati; 36,6g di proteine; 0,4g di fibre

Ristorante-Stile Pesce Masala

Tempo di preparazione: 16 minuti

Tempo di cottura: 9 minuti

Porzioni 6

INGREDIENTI

- 1 libbra e mezzo di filetti di pesce bianco, senza pelle, disossato
- 1/2 tazza di cipolla indiana masala
- 1 tazza di latte di cocco
- 2 cucchiai di olio di sesamo
- 2 peperoni, sgranati e tagliati a fette

DIREZIONI

1. Ina wok, scaldare l'olio di sesamo a fuoco medio-alto; far soffriggere i peperoni per 3 o 4 minuti.

2. Aggiungere in filetti di pesce bianco e cipolla indiana masala; versare 1/2 tazza di haddi ka shorba e latte di cocco. Condire con sale e pepe nero a piacere.

3. Girare il fuoco a fuoco lento e lasciar cuocere per 5 minuti in più o fino a quando tutto è cotto a fondo. Buon appetito!

NUTRIZIONE: Per porzione: 349 Calorie; 24,9g di grassi; 6,2g di carboidrati; 22,7g di proteine; 2,5g di fibre

Acciughe con salsa di Cesare

Tempo di preparazione: 5 minuti

Tempo di cottura: 10 minuti

Porzioni: 3

INGREDIENTI

- 6 acciughe, pulite e disossate
- 2 tuorli d'uovo
- 1 cucchiaino di senape di Digione
- 1 spicchio d'aglio fresco, pelato
- 1/3 di tazza di olio extravergine di oliva

DIREZIONI

1. Sciacquare le acciughe e asciugarle.
2. Grigliare le acciughe in una griglia leggermente unta appena fino a doratura.
3. Quindi, frullare i tuorli d'uovo, la senape di Digione, l'aglio e l'olio extravergine d'oliva fino a renderli lisci e cremosi.
4. Servite acciughe calde con il condimento Caesar e godetevele!

NUTRIZIONE: Per porzione: 449 Calorie; 34,3g di grassi; 1g di carboidrati; 32,6g di proteine; 0,1g di fibre

Insalata di pesce e uova

Tempo di preparazione: 5 minuti

Tempo di cottura: 15 minuti

Porzioni: 4

INGREDIENTI

- Filetti di dentice rosso da 1 libbra
- 4 tazze di insalata di lattuga
- 1 peperone, tagliato e tagliato a fette
- 1 pomodoro, a fette
- 5 uova

DIREZIONI

1. Cuocere a vapore i filetti di dentice rosso per 8-10 minuti o fino a quando non si piegano a forcella. Tagliare il pesce in piccole strisce.

2. Lessare le uova in una casseruola per circa 9 minuti; sbucciare le uova e affettarle con cura.

3. Mettere i peperoni, i pomodori e le foglie di lattuga in un'insalatiera; aggiungere 4 cucchiai di olio d'oliva e 4 cucchiai di aceto di sidro di mele; mescolare bene.

4. In alto con il pesce e le uova riservate. Sale a piacere. Servire ben fresco e buon appetito!

NUTRIZIONE: Per porzione: 300 Calorie; 19.3g di grassi; 3.5g di carboidrati; 26.5g di proteine; 1g di fibre

Filetti di eglefino italiano con salsa Marinara

Tempo di preparazione: 9 minuti

Tempo di cottura: 6 minuti

Porzioni 6

INGREDIENTI

- 2 libbre di filetti di eglefino
- 1/2 tazza di salsa marinara
- 2 cucchiai di olio d'oliva
- Sale marino e pepe nero appena macinato, a piacere
- 1 cucchiaio di miscela di spezie italiane

DIREZIONI

1. Spennellare i filetti di eglefino con 1/4 di tazza di salsa marinara e olio d'oliva.
2. Cuocere i filetti di eglefino su una griglia a fuoco moderato per circa 6 minuti per lato. Condite con sale, pepe nero e miscela di spezie italiane.
3. Servire con il restante 1/4 di tazza di salsa marinara. Bon appétit!

NUTRIZIONE: Per porzione: 226 Calorie; 5,9g di grassi; 2,2g di carboidrati; 38,3g di proteine; 0,6g di fibre

Pesce spada con salsa greca

Tempo di preparazione: 5 minuti

Tempo di cottura: 25 minuti

Porzioni: 6

INGREDIENTI

- 4 bistecche di pesce spada
- 1 tazza di yogurt greco
- 4 cucchiai di maionese
- 1 cucchiaino d'aglio tritato
- 1 cipolla gialla, affettata

DIREZIONI

1. Iniziate preriscaldando il forno a 380 gradi F.
2. Ungere i lati e il fondo di una casseruola con 2 cucchiai di burro fuso. Gettate le bistecche di pesce spada con il mix di spezie mediterranee.

3. Mettete le bistecche di pesce spada nella casseruola imburrata.

4. Mettere la cipolla e l'aglio intorno al pesce spada. Cuocere in forno preriscaldato per circa 20-25 minuti.

5. Nel frattempo, frullate lo yogurt greco con la maionese; se lo desiderate, aggiungete la polvere d'aglio. Servire le bistecche di pesce spada con la salsa a parte. Buon appetito!

NUTRIZIONE: Per porzione: 346 Calorie; 22,5g di grassi; 3,2g di carboidrati; 31,5g di proteine; 0,3g di fibre

Filetti di merluzzo con salsa al sesamo

Tempo di preparazione: 7 minuti

Tempo di cottura: 8 minuti

Porzioni: 6

INGREDIENTI

- 3 cucchiai di olio d'oliva
- 6 filetti di merluzzo, con la pelle
- 3 cucchiai di semi di sesamo tostati
- 3 cucchiai di olio di sesamo tostato
- 1 limone appena spremuto

DIREZIONI

1. Condite i filetti di baccalà con sale e pepe nero.
2. Riscaldare 1 cucchiaio di olio d'oliva in una padella per la griglia a fiamma moderata. Una volta caldi, cuocere i filetti di baccalà per circa 8 minuti fino a quando non saranno leggermente carbonizzati.
3. In una terrina frullate il restante olio d'oliva, il limone, i semi di sesamo e l'olio di sesamo; aggiungete a piacere aglio tritato, sale e pepe nero.
4. Cucinare il sugo sui filetti di merluzzo e servire immediatamente.

NUTRIZIONE: Per porzione: 341 Calorie; 17g di grassi; 3,2g di carboidrati; 42,1g di proteine; 0,9g di fibre

Insalata di rana pescatrice preferita

Tempo di preparazione: 10 minuti

Tempo di cottura: 10 minuti

Porzioni: 6

INGREDIENTI

- 2 libbre di rana pescatrice
- 1 peperone, affettato
- 1/2 tazza di ravanelli, affettati
- 1 cipolla rossa, tritata
- 1/2 tazza di maionese

DIREZIONI

1. Spazzolare la rana pescatrice con olio da cucina antiaderente. Cuocere a fuoco medio-alto per circa 10 minuti fino a quando non sarà opaco.

2. Sbollentate il pesce con una forchetta e trasferitelo in un'insalatiera; aggiungete i peperoni, i ravanelli e la cipolla; poi ripiegate la maionese e mescolate fino a quando il tutto sarà ben amalgamato.

3. Sale a piacere. Bon appétit!

NUTRIZIONE: Per porzione: 306 Calorie; 19.4g di grassi; 3.8g di carboidrati; 27g di proteine; 0.6g di fibre

Frittata con Tilapia e formaggio di capra

Tempo di preparazione: 10 minuti

Tempo di cottura: 10 minuti

Porzioni: 4

INGREDIENTI

- 1/2 tazza di porri, affettati
- Filetti di tilapia da 1 libbra
- 8 uova di medie dimensioni
- 1 tazza di latte
- 12 once di formaggio di capra sbriciolato

DIREZIONI

1. Riscaldare 1 cucchiaio di olio d'oliva in una padella antiaderente a fuoco medio-alto. Una volta caldo, fate soffriggere i porri per 4 minuti, mescolando di tanto in tanto.

2. Poi, cuocete la tilapia per 5-6 minuti per ogni lato; scagliete la tilapia con una forchetta e mettetela da parte.

3. Condire con sale e pepe nero a piacere.

4. In una terrina, sbattere le uova con il latte fino a quando non sono ben amalgamate. Riscaldare il cucchiaio d'olio d'oliva rimasto e cuocere la frittata fino a quando le uova non si sono ben amalgamate.

5. Mettete il composto di pesce su un lato della frittata; aggiungete il formaggio di capra e ripiegate la frittata sul ripieno. Bon appétit!

NUTRIZIONE: Per porzione: 558 Calorie; 38g di grassi; 6,5g di carboidrati; 45,5g di proteine; 0,2g di fibre

---

Merluzzo con verdure alla senape

Tempo di preparazione: 10 minuti

Tempo di cottura: 10 minuti

Dosi: 2

INGREDIENTI

- 1 cucchiaio di olio d'oliva
- 2 gambi di cipolle verdi, affettati
- 1 peperone, seminato e tagliato a fette
- 2 filetti di merluzzo
- 1 tazza di senape verde, strappata in pezzi da mordere

DIREZIONI

1. Riscaldare l'olio in una casseruola a fuoco moderato. Poi fate soffriggere cipolle verdi e peperoni per circa 4 minuti fino a quando non si saranno ammorbiditi.

2. Versare 1/2 tazza di brodo vegetale. Aggiungere i filetti di pesce insieme a sale e pepe a piacere. Ripiegare in verdure di senape.

3. Girare la temperatura per farla bollire, coprire e continuare a cuocere per circa 12 minuti o fino a cottura completa. Bon appétit!

NUTRIZIONE: Per porzione: 171 Calorie; 7,8g di grassi; 4,8g di carboidrati; 20,3g di proteine; 1,6g di fibre

Keto Tacos con acciughe

Tempo di preparazione: 5 minuti

Tempo di cottura: 5 minuti

Porzioni: 4

INGREDIENTI

- 12 foglie di lattuga
- 1 cipolla rossa, tritata
- 1 pomodoro di grandi dimensioni, tagliato a dadini
- 2 (2 once) lattine di acciughe in olio d'oliva, sgocciolate
- 4 cucchiai di maionese

DIREZIONI

1. In una terrina, unire cipolla rossa, pomodoro, acciughe e maionese. Condire con sale e pepe nero a piacere.

2. Mettere il composto di acciughe al centro delle foglie di lattuga. Avvolgere le foglie di lattuga in stile taco e servire immediatamente.

NUTRIZIONE: Per porzione: 170 Calorie; 9.3g di grassi; 4.9g di carboidrati; 14g di proteine; 1.2g di fibre

Insalata di pesce alla griglia

Tempo di preparazione: 10 minuti

Tempo di cottura: 5 minuti

Dosi: 2

INGREDIENTI

- Filetti di tonno da 3/4 di libbra, senza pelle
- 1 cucchiaino di senape di Digione
- 8 Olive nizzarine, snocciolate e affettate
- 1 cipolla bianca, affettata
- 1/2 cucchiaino di pasta di acciughe

DIREZIONI

1. Spazzolare i filetti di tonno con olio di cottura antiaderente e condirli con sale e pepe nero. Grigliate il tonno per circa 3 minuti su ogni lato fino a quando non sarà leggermente rosolato al centro.

2. Fioccate il pesce in strisce della grandezza di un morso e mettetele in una ciotola da portata.

3. Gettate il vostro tonno con senape di Digione, olive Niçoise, cipolla bianca e pasta di acciughe. Assaggiate e regolate i condimenti. Buon appetito!

NUTRIZIONE: Per porzione: 194 Calorie; 3,4g di grassi; 0,9g di carboidrati; 37,1g di proteine; 0,5g di fibre

Filetti di sgombro all'aglio

Tempo di preparazione: 10 minuti

Tempo di cottura: 5 minuti

Dosi: 2

INGREDIENTI

- 2 filetti di sgombro
- 1 cucchiaio di olio d'oliva
- 1/2 cucchiaino di timo
- 1 cucchiaino di rosmarino
- 2 spicchi d'aglio, tritati

DIREZIONI

1. In una padella, scaldare l'olio a fuoco medio-alto.
2. Sear i filetti di pesce per circa 5 minuti per lato fino a quando non sono croccanti.
3. Aggiungere l'aglio, il timo e il rosmarino e continuare la cottura per altri 30 secondi. Buon appetito!

NUTRIZIONE: Per porzione: 481 Calorie; 14.5g di grassi; 1.1g di carboidrati; 80g di proteine; 0.1g di fibre

Tilapia Burgers del pescatore

Tempo di preparazione: 35 minuti

Tempo di cottura: 15 minuti

Porzioni: 5

INGREDIENTI

- 1 chilo e mezzo di pesce tilapia, spezzato in pezzi
- 1 cucchiaio di condimento Cajun mix di condimento
- 1/2 tazza di scalogno, tritato
- 1/2 tazza di farina di mandorle
- 2 uova, sbattute

DIREZIONI

1. In una terrina, combinare accuratamente tutti gli ingredienti. Formare il composto in 10 polpettine; conservare in frigorifero per 30-35 minuti.

2. Spruzzare una padella antiaderente e metterla a fuoco medio-alto. Friggere gli hamburger per circa 4 minuti per lato fino a doratura.

3. Guarnite con fette di limone e godetevelo!

NUTRIZIONE: Per porzione: 238 Calorie; 10,9g di grassi; 2,6g di carboidrati; 32,9g di proteine; 1,2g di fibre

POLLAME

Pollo-Basil Alfredo con spaghetti Shirataki

Tempo di preparazione: 10 minuti

Tempo di cottura: 15 minuti

Dosi: 2

INGREDIENTI:

- Per le tagliatelle
- 1 (7 once) confezione da 1 (7 once) Fettuccine Miracle Noodle Fettuccine Shirataki Shirataki
- Per la salsa
- 1 cucchiaio di olio d'oliva
- 4 once di pollo cotto a pezzetti (di solito uso un pollo da rosticceria comprato al negozio)
- Sale rosa dell'Himalaya
- Pepe nero appena macinato
- 1 tazza di Salsa Alfredo, o qualsiasi marca che ti piace
- ¼ di tazza di parmigiano grattugiato
- 2 cucchiai di foglie di basilico fresco tritate

DIREZIONI:

1. In uno scolapasta, sciacquare i noodles con acqua fredda (i noodles shirataki hanno naturalmente un odore, e sciacquarli con acqua fredda aiuterà a rimuovere questo odore).

2. Riempire una pentola grande con acqua e portare ad ebollizione a fuoco vivo. Aggiungere le tagliatelle e far bollire per 2 minuti. Scolare.

3. Trasferire le tagliatelle in una padella grande e asciutta a fuoco medio-basso per far evaporare l'umidità. Non ingrassare la padella, deve essere asciutta. Trasferire le tagliatelle in un piatto e metterle da parte.

4. Per fare la salsa:

5. Nella pentola a fuoco medio, scaldare l'olio d'oliva. Aggiungere il pollo cotto. Condire con sale e pepe rosa dell'Himalaya.

6. Versare il sugo Alfredo sul pollo e cuocere fino a quando sarà caldo. Condite con altro sale e pepe rosa dell'Himalaya.

7. Aggiungere le tagliatelle secche al composto di salsa e mescolare fino ad ottenere un composto omogeneo.

8. Dividere la pasta in due piatti, guarnire ciascuno con il parmigiano e il basilico tritato e servire.

NUTRIZIONE: Calorie: 673 Grassi: 61g Carboidrati: 4g Fibre: 0g Proteine: 29g

---

Pollo Quesadilla

Tempo di preparazione: 5 minuti

Tempo di cottura: 5 minuti

Dosi: 2

INGREDIENTI:

- 1 cucchiaio di olio d'oliva
- 2 basso - tortillas del carboidrato
- ½ tazza di formaggio misto messicano tritato
- 2 once di pollo a pezzetti (di solito uso un pollo da rosticceria comprato al negozio)
- 1 cucchiaino di sale condimento Tajín

- 2 cucchiai di panna acida

DIREZIONI:

1. In una grande padella a fuoco medio-alto scaldare l'olio d'oliva. Aggiungere una tortilla, poi stratificare sopra ¼ di tazza di formaggio, il pollo, il condimento Tajín e il restante ¼ di tazza di formaggio. Aggiungere la seconda tortilla.

2. Sbirciare sotto il bordo della tortilla inferiore per controllare come si sta rosolando. Una volta che la tortilla inferiore diventa dorata e il formaggio inizia a sciogliersi, dopo circa 2 minuti, capovolgere la quesadilla. Il secondo lato si cuoce più velocemente, circa 1 minuto.

3. Una volta che la seconda tortilla è croccante e dorata, trasferite la quesadilla su un tagliere e lasciate riposare per 2 minuti. Tagliare la quesadilla in 4 spicchi con un tagliapizza o un coltello da cuoco.

4. Trasferire la metà della quesadilla in ciascuna delle due piastre. Aggiungere 1 cucchiaio di panna acida in ogni piatto e servire caldo.

NUTRIZIONE: Calorie: 414 Grassi: 28g Carboidrati: 24g Fibre: 4g Proteine: 26g

Ali di pollo all'aglio-parmigiano

Tempo di preparazione: 10 minuti

Tempo di cottura: 3 ore

Dosi: 2

INGREDIENTI:

- 8 cucchiai di burro (1 bastoncino)
- 2 spicchi d'aglio, tritati
- 1 cucchiaio di condimento italiano essiccato
- ¼ di tazza di parmigiano grattugiato, più ½ tazza
- Sale rosa dell'Himalaya
- Pepe nero appena macinato
- Ali di pollo da 1 libbra

DIREZIONI:

1. Con l'inserto in coccio in posizione, preriscaldare la pentola lenta fino a raggiungere l'altezza. Rivestire una teglia da forno con un foglio di alluminio o un tappetino in silicone.

2. Mettere il burro, l'aglio, il condimento italiano e ¼ di tazza di parmigiano a cottura lenta e condire con sale e pepe rosa dell'Himalaya. Lasciare sciogliere il burro e mescolare gli ingredienti fino a quando non saranno ben amalgamati.

3. Aggiungere le ali di pollo e mescolare fino a ricoprire con il composto di burro.

4. Coprire la pentola lenta e cuocere per 2 ore e 45 minuti.

5. Preriscaldare il pollo.

6. Trasferite le ali sulla teglia preparata, cospargete sulle ali la restante ½ tazza di parmigiano e cuocete sotto la griglia fino a quando non sarà croccante, circa 5 minuti.

7. Servire caldo.

NUTRIZIONE: Calorie: 738 Grassi: 66g Carboidrati: 4g Fibre: 0.2g Proteine: 39g

Spiedini di pollo con salsa di arachidi

Tempo di preparazione: 10 minuti, più 1 ora per marinare

Tempo di cottura: 15 minuti

Dosi: 2

INGREDIENTI:

- petto di pollo, tagliato a pezzi
- 3 cucchiai di salsa di soia (o amminoacido di cocco), divisi
- ½ cucchiaino di salsa Sriracha, più ¼ di cucchiaino
- 3 cucchiaini di olio di sesamo tostato, diviso
- Ghee, per oliare
- 2 cucchiai di burro di arachidi
- Sale rosa dell'Himalaya
- Pepe nero appena macinato

DIREZIONI:

1. In un grande sacchetto con cerniera, unire i pezzi di pollo con 2 cucchiai di salsa di soia, ½ cucchiaino di salsa Sriracha e 2 cucchiaini di olio di sesamo. Chiudete il sacchetto e lasciate marinare il pollo per 1 ora in frigorifero.

2. Se si utilizzano spiedini di legno da 8 pollici, immergerli in acqua per 30 minuti prima dell'uso.

3. Mi piace usare la mia padella per la griglia per gli spiedini perché non ho una griglia all'aperto. Se non avete una padella per il grill, potete usare una padella grande. Preriscaldare la padella o il grill a basso. Oliare la padella con il ghee.

4. Infilate i pezzi di pollo sugli spiedini.

5. Cuocere gli spiedini a fuoco lento per 10-15 minuti, capovolgendoli a metà.

6. Nel frattempo, mescolare la salsa per intingere le arachidi. Mescolare insieme il restante 1 cucchiaio di salsa di soia, ¼ di cucchiaino di salsa Sriracha, 1 cucchiaino di olio di sesamo e il burro di arachidi. Condite con sale e pepe rosa dell'Himalaya.

7. Servire gli spiedini di pollo con un piccolo piatto di salsa di arachidi.

NUTRIZIONE: Calorie: 586 Grassi: 29g Carboidrati: 6g Fibre: 1g Proteine: 75g

Cosce di pollo brasate con olive Kalamata

Tempo di preparazione: 10 minuti

Tempo di cottura: 40 minuti

Dosi: 2

INGREDIENTI:

- 4 cosce di pollo, pelle su
- Sale rosa dell'Himalaya
- Pepe nero appena macinato
- 2 cucchiai di ghee
- ½ tazza di brodo di pollo
- 1 limone, ½ fetta e ½ succo
- ½ tazza di olive Kalamata snocciolate
- 2 cucchiai di burro

DIREZIONI:

1. Preriscaldare il forno a 375°F.
2. Asciugare le cosce di pollo con carta assorbente e condirle con sale e pepe rosa dell'Himalaya.
3. In una padella da forno media o in una teglia da forno alta a fuoco medio-alto, sciogliere il ghee. Quando il ghee si è sciolto ed è caldo, aggiungete le cosce di pollo, a testa in giù, e lasciate riposare per circa 8 minuti, o fino a quando la pelle è marrone e croccante.
4. Capovolgere il pollo e cuocere per 2 minuti sul secondo lato. Intorno alle cosce di pollo, versare il brodo di pollo e aggiungere le fette di limone, il succo di limone e le olive.

5. Cuocere in forno per circa 30 minuti, fino a quando il pollo non è cotto a fondo.

6. Aggiungere il burro alla miscela di brodo.

7. Dividere il pollo e le olive in due piatti e servire.

NUTRIZIONE: Calorie: 567 Grassi: 47g Carboidrati: 4g Fibre: 2g Proteine: 33g

Pollo all'aglio burroso

Tempo di preparazione: 5 minuti

Tempo di cottura: 40 minuti

Dosi: 2

INGREDIENTI:

- 2 cucchiai di ghee, sciolto
- petti di pollo disossati senza pelle
- Sale rosa dell'Himalaya
- Pepe nero appena macinato
- 1 cucchiaio di condimento italiano essiccato
- 4 cucchiai di burro
- 2 spicchi d'aglio, tritati
- ¼ di tazza di parmigiano grattugiato

DIREZIONI:

1. Preriscaldare il forno a 375°F. Scegliere una teglia abbastanza grande da contenere entrambi i petti di pollo e ricoprirli con il ghee.

2. Asciugare i petti di pollo e condirli con sale rosa dell'Himalaya, pepe e condimento italiano. Mettere il pollo nella teglia da forno.

3. In una padella media a fuoco medio, sciogliere il burro. Aggiungere l'aglio tritato e far cuocere per circa 5 minuti. Si vuole l'aglio molto leggermente rosolato ma non bruciato.

4. Togliere dal fuoco il composto di burro e aglio e versarlo sui petti di pollo.

5. Arrostire il pollo in forno per 30-35 minuti, fino a cottura completa. Cospargere un po' di parmigiano su ogni petto di pollo. Lasciare riposare il pollo nella teglia per 5 minuti.

6. Dividete il pollo in due piatti, cucinate la salsa al burro sul pollo e servite.

NUTRIZIONE: Calorie: 642 Grassi: 45g Carboidrati: 2g Fibre: 0g Proteine: 57g

Pollo al formaggio con pancetta e broccoli

Tempo di preparazione: 10 minuti

Tempo di cottura: 1 ora

Dosi: 2

INGREDIENTI:

- 2 cucchiai di ghee
- 2 petti di pollo disossati senza pelle
- Sale rosa dell'Himalaya
- Pepe nero appena macinato
- 4 fette di pancetta
- 6 once di formaggio cremoso, a temperatura ambiente
- 2 tazze di fiori di broccoli frouncesi, scongelati
- ½ tazza di formaggio Cheddar a pezzetti

DIREZIONI:

1. Preriscaldare il forno a 375°F.
2. Scegliete una teglia da forno che sia abbastanza grande da contenere entrambi i petti di pollo e ricopritela con il ghee.
3. Asciugare i petti di pollo con un tovagliolo di carta e condirli con sale e pepe rosa dell'Himalaya.
4. Mettere i petti di pollo e le fette di pancetta nella teglia e cuocere per 25 minuti.
5. Trasferite il pollo su un tagliere e usate due forchette per triturarlo. Condirlo di nuovo con sale e pepe rosa dell'Himalaya.

6. Mettete la pancetta su un piatto foderato di carta assorbente per farla croccante e poi sbriciolarla.

7. In una ciotola media, mescolare per unire la crema di formaggio, il pollo a pezzetti, i broccoli e metà della pancetta si sbriciola. Trasferire il composto di pollo nella teglia da forno e ricoprire con il Cheddar e la restante metà della pancetta si sbriciola.

8. Infornare fino a quando il formaggio non è gorgogliato e rosolato per circa 35 minuti e servire.

NUTRIZIONE: Calorie: 935 Grassi: 66g Carboidrati: 10g Fibre: 3g Proteine: 75g

IL PIANO DI 30 GIORNI DI DIETA ALIMENTARE

GIORNO	COLAZIONE	PRANZO	CENA
1	Spaghetti di grano saraceno con cavolo cappuccio di pollo e ricette salate in salsa di massa	Riso al cocco e cavolfiore	Pollo Quesadilla
2	Re asiatico saltato Jamp	Fritto di Okra	Ali di pollo all'aglio-parmigiano
3	Insalata di pasta di grano saraceno	Purè di asparagi	Spiedini di pollo con salsa di arachidi
4	Spiedini di insalata greca	Asparagi al forno	Cosce di pollo brasate con olive Kalamata
5	Cavolo, Edamame e Tofu Curry	Spinaci con latte di cocco	Pollo all'aglio burroso
6	Cupcake al cioccolato con glassa Matcha	Deliziose bistecche di cavolo	Pollo al formaggio con pancetta e broccoli
7	Insalata di pollo al sesamo	Zucchine all'aglio e zucchine	Pollo al forno al parmigiano
8	Antipasti al bacon	Insalata di	Burro d'uovo

		pomodoro avocado e cetriolo	
9	Spiedini Antipasti	Insalata di cavolo e cocco	Pollo tritato in un involucro di lattuga
10	Jalapeno Poppers	Insalata di cetrioli asiatici	Pollo al sidro
11	Polpette di spinaci	Riso al cavolfiore messicano	Morsi di pollo avvolti nella pancetta
12	Patatine fritte di cavolo	Insalata di rape	Pollo avvolto con pancetta al formaggio
13	Pancetta, mozzarella e avocado	Insalata di cavoletti di Bruxelles	Fagioli e salsiccia
14	Keto Cheese Chips	Insalata di melanzane e spinaci	Pollo strofinato alla paprika
15	Manzo e broccoli	Tradizionale Gambas al Ajillo	Pollo Teriyaki
16	Insalata BLT	Ristorante-Stile Pesce Masala	Pollo al peperoncino rosso con insalata di cavolo
17	Formaggio Halloumi alla griglia con uova	Acciughe con salsa di Cesare	Cena a base di Habanero piccante e carne di manzo macinata

18	Insalata di cavolo riccio cremoso	Insalata di pesce e uova	Polpette di carne con peperoni arrostiti e manchego
19	Insalata di quinoa con menta fresca e prezzemolo	Filetti di eglefino italiano con salsa Marinara	I migliori Sloppy Joe di sempre
20	Involtini di salmone affumicato e formaggio cremoso	Pesce spada con salsa greca	Costoletta alla griglia
21	Germogli di Bruxelles con pancetta	Filetti di merluzzo con salsa al sesamo	Salsiccia di manzo con salsa mayo
22	Verdure mediterranee alla griglia	Insalata di rana pescatrice preferita	Petto di manzo buono da leccarsi le dita
23	Pancetta e funghi selvatici	Frittata con Tilapia e formaggio di capra	Inverno Guinness dei Guinness dei primati
24	Morso di Jalapeno speziato con pomodoro	Merluzzo con verdure alla senape	Polpettone di prosciutto crudo greco
25	Crema di spinaci	Keto Tacos con acciughe	Insalata fredda di manzo alla greca
26	Tempura Zucchine con salsa di crema	Insalata di pesce alla	Costoletta al forno

	di formaggio	griglia	
27	Spiedini di pancetta e feta	Filetti di sgombro all'aglio	Pomodori ripieni con formaggio Cotija
28	Avocado e prosciutto crudo Uova alla diavola	Tilapia Burgers del pescatore	Cena a base di Habanero piccante e carne di manzo macinata
29	Insalata di tonno Chili-Lime	Tradizionale Gambas al Ajillo	Stufato di zucca e cavolfiore di zucca e cavolfiore
30	Impacchi di lattuga del club del pollo	Pollo-Basil Alfredo con spaghetti Shirataki	Funghi di Portobello alle erbe

CONCLUSIONE

La dieta Keto è difficile da ottenere. È necessario attenersi al consumo giornaliero di 80% di grassi e 20% di proteine, con molto meno carboidrati. È importante stabilire i propri obiettivi e allo stesso tempo non lasciarsi distrarre dalle tentazioni. In caso di perdita di peso, l'eccesso di liquidi persi nelle fasi iniziali sarà sufficiente per un lungo periodo di tempo.

È necessario bere acqua prima di iniziare il pasto per sopprimere la fame. Oltre a questo, è importante che si faccia attenzione al tipo di cibo che si consuma quotidianamente. Questo farà sì che il vostro corpo si adatti correttamente alla dieta e che possiate trarre il massimo beneficio dalla dieta senza essere oppressi.

La dieta Keto serve al suo scopo perché è sana. È anche molto facile seguire la dieta perché le persone obese o in sovrappeso possono facilmente seguire la dieta. Non richiede alcun tipo di esercizio fisico, tranne che per camminare, poiché è una dieta a bassissimo contenuto energetico. È anche un modo molto sano e semplice per perdere peso. Tuttavia, è necessario seguire rigorosamente la dieta in ogni momento e non bisogna discostarsi da essa.

La Dieta Ketogenica (Ketogenic aka keto) è semplicemente una dieta che consiste di 75 per cento o più di grasso. Tuttavia, si dovrà tenere presente che l'assunzione di carboidrati deve essere mantenuta estremamente bassa, anche se trascurabile. Normalmente si raccomanda di includere nella dieta 60g di proteine e 20g di grassi.

La dieta Keto è anche conosciuta come dieta a basso contenuto di carboidrati. E 'qualcosa che ha guadagnato un sacco di popolarità tra le persone obese. È stata creata dal Dr. Robert Atkins e può essere considerata come uno dei metodi di perdita di peso più efficaci. Va notato che questa dieta non ha alcun tipo di impatto negativo sul corpo o sulla salute, invece, ha grandi ed efficaci benefici. Si tratta di una dieta molto sana perché richiede di consumare quantità incredibili di grasso. Pertanto, il metabolismo è potenziato e si sarà in grado di perdere grasso senza alcuna difficoltà.

Potete anche aggiungere un pizzico di cannella sulla parte superiore del vostro gelato per renderlo più gustoso. È necessario consumare circa il 60% di grassi e il 40% di proteine come porzione giornaliera, mentre si segue questo piano di dieta. È anche importante mangiare più verdure in questa dieta. Troverete difficile seguire questo piano dietetico. Non è simile a qualsiasi altra dieta regolare e potrebbe essere difficile attenersi alle sue porzioni giornaliere. Al fine di garantire che si è in grado di ingerire abbastanza grasso mentre si segue questa dieta, la Dieta Ketogenica si concentra sul consumo di grassi sani e naturali. È possibile ottenere questi grassi da alcune noci e alimenti ricchi di oli.

La dieta Keto è molto benefica quando si tratta di perdita di peso. La ragione principale dietro questo beneficio è perché si concentra sul consumo di grassi sani e naturali che hanno dimostrato di avere enormi benefici per la salute. Non richiede di passare ore in palestra o di iniziare ad allenarsi per perdere peso. Ci vorranno solo poche settimane perché il vostro corpo si adatti e poi inizierete a vedere grandi risultati dalla dieta.

Sarete in grado di perdere peso senza alcuna difficoltà mentre seguite questo piano di dieta. Sarà necessario per voi di concentrarsi sul consumo di grassi sani mentre si segue questa dieta. Avrete bisogno del 70% di calorie da grassi e del 20% da proteine. Queste macro dovrebbero essere variate di giorno in giorno, in quanto potreste aver bisogno di più grassi al mattino, tuttavia, si dovrebbe mantenere una percentuale minore di grassi la sera se si consuma.

Dovete sapere che ci sono altri benefici associati ad un piano di dieta Keto. Alcuni la considerano una dieta molto popolare per la sua efficacia e richiede solo pochi giorni per essere seguita. La dieta è molto facile da seguire e non richiede alcun tipo di esercizio fisico. Sarà necessario consumare circa 2g di carboidrati in un giorno. Questa dieta è nota anche per i suoi grandi effetti sul miglioramento della salute neurologica.

Se siete in sovrappeso o obesi, si consiglia di iniziare con la Dieta Ketogenica. Si tratta di una dieta molto sana e facile da seguire, che può essere seguita da tutte le persone del mondo senza alcuna difficoltà. Se non siete sicuri di cosa può essere incluso esattamente in una Dieta Keto, allora è importante che leggiate gli articoli online su come seguire questo piano di dieta facilmente e senza problemi.

Vi sarà richiesto di seguire una dieta a basso contenuto di carboidrati per ridurre il vostro peso. Vi sarà richiesto di seguire una dieta a basso contenuto di carboidrati e ad alto contenuto proteico per perdere peso più rapidamente. È necessario capire che l'assunzione di grassi è molto vitale mentre si segue un tale piano di dieta. Il vostro corpo sarà in grado di rimanere sano mentre seguite un tale piano dietetico. È anche molto importante tenere traccia dell'assunzione di carboidrati in ogni momento, in modo da poter ottenere i risultati che si desidera da questo piano di dieta.

CPSIA information can be obtained
at www.ICGtesting.com
Printed in the USA
BVHW041749080421
604549BV00012B/255